AF498256

JEHAN COUSIN PÈRE

SCULPTEUR

LA STATUE DE L'AMIRAL CHABOT

ET

LE JUBÉ DE LA CHAPELLE DE PAGNY

PAR

MAURICE ROY

SENS

DUCHEMIN IMPRIMEUR-ÉDITEUR

1909

JEHAN COUSIN PÈRE

SCULPTEUR

LA STATUE DE L'AMIRAL CHABOT

ET

LE JUBÉ DE LA CHAPELLE DE PAGNY

Dans notre mémoire sur les deux Jehan Cousin, nous n'avons pas hésité à admettre que Jehan Cousin père devait être sculpteur en même temps que maître-peintre et à le regarder comme l'auteur de la fameuse statue à demi couchée (1) du tombeau de l'amiral Chabot.

Nous n'apportions, il est vrai, aucune preuve nouvelle en faveur de cette attribution, mais le témoignage affirmatif d'un contemporain aussi digne de foi (2) que Jacques Taveau, avocat au bailliage de

---

(1) Il s'agit uniquement de la statue à demi couchée de l'amiral qui est d'ailleurs le seul chef-d'œuvre du monument, probablement resté inachevé à la mort de l'artiste, l'encadrement, les génies funéraires et la figure si contournée de la Fortune semblent appartenir à une époque postérieure et, en tout cas, sont d'un style fort différent, très inférieur, ainsi qu'on l'a fait justement remarquer.

(2) Jacques Taveau ne s'est pas trompé en rapportant la date approximative de la mort de Jehan Cousin père, son indication se trouve vérifiée par les documents authentiques que nous avons retrouvés. (Voyez *les Deux Jehan Cousin*, p. 20 et 21.)

Sens, nous paraissait suffisant pour appuyer notre opinion. Cependant quelques érudits n'en persistent pas moins à émettre des doutes au sujet du véritable auteur de ce chef-d'œuvre qui placerait Jehan Cousin père au premier rang des plus grands sculpteurs de la Renaissance française. Une équivoque voulue subsiste toujours pour l'interprétation du texte de Jacques Taveau, pourtant assez clair; l'historien sénonais, qui écrivait vers 1590, dit, dans son catalogue des hommes illustres de la ville de Sens, en parlant de Jehan Cousin : « Oultre ce il estoyt entendu a la sculpture de marbre, comme le tesmoigne assez le monument du feu admiral Chabot en la chappelle d'Orléans au monastère des Célestins de Paris qu'il a faict et dressé, et monstre l'ouvrage l'excellence de l'ouvrier (1). » Au lieu d'admettre le sens propre de ce passage, on a cherché à épiloguer sur les mots « faict et dressé, » et un éminent écrivain d'art, généralement mieux avisé, a soutenu que ces deux mots formaient une locution autrefois employée pour désigner uniquement l'œuvre de l'architecte ou de l'artiste qui avait conçu l'ordonnance générale du monument et dirigé son exécution. Je ne vois pas sur quel texte contemporain cette interprétation puisse s'appuyer et, en tout cas, à quoi bon torturer ainsi les mots pour leur faire dire autre chose que ce qu'ils expriment naturellement.

(1) Manuscrit autographe de Jacques Taveau qui paraît avoir été transcrit ou mis au net en 1595, date inscrite dans une lettre initiale. Ce manuscrit est aujourd'hui conservé aux Archives de l'Yonne, série F.

A notre avis, il existe un certain parti pris défavorable au maître sénonais, et on se montre à son égard beaucoup plus sévére et exigeant que pour d'autres artistes du même temps qui jouissent d'une préférence exagérée, j'ose même ajouter d'une vogue peu réfléchie. Que d'œuvres de la Renaissance sur lesquelles nous ne possédons aucun texte et qui sont attribuées sans hésitation à tel ou tel artiste sur une simple tradition ou l'assertion fantaisiste d'un écrivain du xviie ou du xviiie siècle? Que dirait-on, par exemple, si l'on contestait à Jean Goujon les nymphes de la fontaine des Innocents malgré le témoignage de Sauval? N'aurait-on pas aussi mauvaise grâce à montrer quelque incrédulité, pourtant facile à justifier, sur l'origine de la célèbre Diane d'Anet dont l'attribution repose sur la base unique et fragile de la tradition? Et cependant, alors qu'elle a cru devoir retirer du socle de la statue de Chabot le nom de Jehan Cousin qui y figurait autrefois, l'administration du Musée du Louvre maintient hardiment celui de Jean Goujon au bas du motif principal de la fameuse fontaine de Diane.

Malheureusement, en ce qui concerne l'auteur si discuté de la statue de l'amiral Chabot, nos recherches n'ont pas encore révélé le texte irréfutable qui calmerait tous les scrupules et obligerait les plus difficiles à s'incliner. Toutefois, nous voulons, sans plus tarder, apporter dans ce débat, depuis longtemps ouvert, quelques nouveaux éléments de discussion qui, venant s'ajouter au texte de Jacques

Taveau, nous paraissent constituer des présomptions assez fortes en faveur de la vraisemblance de notre opinion.

M. Germain Bapst a récemment signalé à la Société Nationale des Antiquaires de France (séance du 14 avril 1909) un acte du 4 août 1545 retrouvé par lui (1) parmi les minutes de Crozon et Bourgerie, notaires au Châtelet de Paris, dans lequel Jehan Cousin prend la qualité de « Me painctre et tailleur d'ymaiges, dem. a St-Germain-des-Prés-lez-Paris. » Il s'agit de la vente d'une rente de 17 ᵗ 10 ˢ sur sa maison située au coin de la rue de Seine et de la rue des Maretz. Cette pièce concerne donc, sans aucun doute, notre artiste qui avait acheté, comme nous le savons, l'immeuble de la rue des Marets vers l'année 1542. Jehan Cousin y apparaît pour la première fois avec la qualité de tailleur d'images, expression consacrée qui s'applique aux sculpteurs; en effet, le terme de tailleur d'images ou d'imager a toujours eu la même acception depuis le moyen âge, de nombreux exemples en sont fournis au XVIe siècle par les comptes des batiments du roi, Jean Goujon et autres artistes sont souvent désignés indifféremment sculpteurs ou tailleurs d'images. Si la même expression a été quelquefois, depuis la Renaissance, employée pour désigner des graveurs, c'est seulement par extension du sens primitif qui fut toujours conservé. Jehan Cousin père a donc été sculpteur, ce point

(1) Nous adressons tous nos remerciements à M. Germain Bapst qui a bien voulu nous communiquer le texte de cet acte intéressant.

important est maintenant acquis ; en outre un nouveau marché passé le 14 juillet 1543, quelques jours après la mort de Philippe Chabot, et que nous avons retrouvé dernièrement parmi les minutes de Guillaume Payen, notaire au Châtelet de Paris, établit formellement que Jehan Cousin père était en relations d'affaires avec Claude de Longwy, cardinal de Givry, oncle de Françoise de Longwy, femme de l'amiral de Brion. L'acte dont il s'agit est une commande faite à Jehan Cousin par le cardinal de Givry de 8 pièces de patrons devant représenter en couleurs les principales scènes de la vie de saint Mammès, chaque pièce de 4 aunes de large sur 3 aunes 2/3 de hauteur, portant trois écussons aux armoiries du cardinal, et destinée à la confection de tapisseries de haute lisse. Ce marché fut convenu au prix de 200 écus d'or, soit 25 écus par chaque pièce de patron, somme fort importante pour l'époque et qui montre combien étaient estimées les compositions de Jehan Cousin. Il parait donc fort probable que ce ne fut ni la première, ni la seule fois que le cardinal de Givry eut recours au grand talent de notre artiste. Pour le même motif, nous sommes conduits à attribuer également à son habile ciseau les délicates sculptures du magnifique jubé de la chapelle de l'ancien château de Pagny.

La terre de Pagny, située aujourd'hui dans la Côte-d'Or, à 7 kilomètres de Seurre, arrondissement de Beaune, avait appartenu à Jean de Longwy, sénéchal de Bourgogne, qui épousa Jeanne d'Angoulême ; leur fille, Françoise de Longwy, apporta cette terre dans la maison de Chabot par son mariage (10 janvier 1526) avec Philippe Chabot, comte de Charny, amiral de France, gouverneur de Bourgogne et de Normandie.

Sur l'inspiration et avec le concours financier de l'oncle de sa femme, Claude de Longwy, cardinal de Givry, l'amiral de Brion fit exécuter de grands travaux d'embellissement dans la chapelle du château. On remarquait surtout le superbe jubé, heureusement conservé et qui se trouve maintenant à Paris dans la belle galerie de M. E. Foulc. L'aimable collectionneur a bien voulu nous inviter l'année dernière à venir admirer ce morceau capital qu'il n'hésitait pas déjà à attribuer à Jehan Cousin comme étant le seul artiste français de l'époque capable d'une telle conception. Son opinion devient aujourd'hui très vraisemblable par suite de la découverte du marché de 1543 constatant d'une façon certaine les relations qui existaient entre Jehan Cousin et le cardinal de Givry.

Pour se faire une idée exacte du chef-d'œuvre, il convient, croyons-nous, de se reporter à la description donnée autrefois par M. H. Baudot (1) et qui a le mérite de nous présenter le monument dans l'état où il existait en 1840 dans la chapelle même de Pagny :

« Ce jubé est composé d'un portique cintré, orné de deux colonnes, donnant entrée au chœur, de

---

(1) Henri BAUDOT. *Description de la chapelle du château de Pagny.* 2ᵉ édit., Dijon, 1842.

chaque côté de ce portique sont quatre colonnettes qui reposent sur un soubassement en petites arcades à plein cintre dont le fond est de marbre noir ainsi que les moulures supérieures et inférieures ; des pilastres cannelés séparent ces arcades qui se prolongent dans toute l'étendue du jubé et forment en saillie deux autels placés aux deux extrémités. La frise est ornée de cinq bas-reliefs séparés par des cariatides fort bizarres, elle est en albâtre comme toutes les autres sculptures du jubé.

Le premier bas-relief, au-dessus de la chapelle à gauche, représente quatre génies (1) dans des attitudes les plus gracieuses ; deux d'entre eux, qui portent des ailes, voltigent en tenant entre leurs mains des rubans qui soutiennent de gros festons de feuilles et de fruits contre lesquels les deux génies s'appuient d'une main, tenant de l'autre un rouleau ou phylactère qui se développe en tombant à leurs pieds.

Sur le bas-relief suivant se voient encore quatre génies soutenant deux gros festons, sur l'un desquels on voit un griffon tenant un chapeau de cardinal, emblême du cardinal de Givry, et sur l'autre un lion tenant une ancre, emblême de l'amiral Chabot.

Le bas-relief du milieu se trouve au-dessus du

---

(1) Dans l'état actuel du jubé, la moitié du motif de ce bas-relief et celle du bas-relief de droite ne sont plus en place, on n'aperçoit d'ailleurs que deux génies, au lieu de quatre indiqués dans la description de 1840. Par suite de la suppression de ces deux panneaux chacun des côtés du portique central se trouve réduit d'un quart environ de sa longueur primitive en face des petits autels autrefois placés aux extrémités. M. Foulc a fait reporter ces deux portions de bas-reliefs derrière le monument.

portique qui donne entrée au chœur. Il représente
trois écussons : l'un aux armes de l'amiral Chabot,
entouré du grand collier de l'Ordre de Saint-Michel
avec une ancre, l'autre, à gauche de celui-ci, aux
armes du cardinal de Givry, surmonté du chapeau
de cardinal, et le troisième enfin, à droite du pre- .
mier, aux armes de Françoise de Longwy, placé au
milieu d'une couronne. Deux petits cartels portant
la date, l'un de 1537, l'autre de 1538, suspendus par
des rubans, séparent les écussons. Suivant toujours
de gauche à droite on remarque dans un quatrième
bas-relief, qui offre les mêmes dispositions que les
précédents, deux festons soutenus par des génies
posés de la manière la plus hardie et avec une grâce
tout à fait particulière. Au-dessus du premier est
un masque de vieillard portant une chevelure touf-
fue et des moustaches réunies à une barbe épaisse et
longue qui se termine en deux pointes ; de chaque
côté sont suspendus la cuirasse et le heaume : ce
sont les attributs de Jean de Vienne, surnommé la
Longue Barbe. Au-dessus de l'autre feston on voit
une tête de mort couronnée et de chaque côté des
ossements en sautoir.

Enfin, sur le dernier bas-relief de la frise qui se
trouve au-dessus de la petite chapelle, à droite (1),
sont figurés, comme sur celui qui fait pendant, deux
festons de feuilles et de fruits suspendus à des an-
neaux par des rubans. Deux génies placés au bas
les soutiennent, les deux autres voltigent au-dessus

(1) Voir plus haut, p. 7, note.

tenant un cordon auquel est suspendu un petit cartel portant la date de 1538.

Trois petits frontons reposent sur la corniche qui couronne la frise : ceux des extrémités, au-dessus des petites chapelles, ont dans leur milieu une tête de chérubin (1), celui au-dessus du portique contient un bas-relief représentant la Vierge près du corps inanimé de Jésus-Christ (2).

Ce fronton est surmonté d'une légère colonne en haut de laquelle on voit le Sauveur du monde attaché à la Croix (3), de chaque côté de la colonne sont placés les statues de la Vierge et de saint Etienne (4), couronnées de dais élevés dont la partie supérieure se trouve au niveau du chapiteau de la colonne; une arcade légère les réunit.

Deux autres statues, l'une de saint Claude (5), l'autre de saint Philippe, surmontent les deux frontons.

Le côté du jubé qui regarde le chœur (6) est aussi

(1) Les deux petits frontons des extrémités ne portent plus aujourd'hui de décoration dans leur milieu, ils paraissent d'ailleurs avoir été complètement refaits.

(2) Ce bas-relief a été remplacé par une tête de chérubin provenant de l'un des anciens frontons des extrémités. La Pieta qui y était représentée est restée en la possession de M. le marquis de Galard, propriétaire de la terre de Pagny.

(3) Le Christ en croix a été également laissé à M. de Galard.

(4) Cette statue nous paraît représenter non saint Etienne, mais saint Jean.

(5) Ces deux belles statues semblent reproduire les traits du cardinal de Givry et de Philippe Chabot.

(6) Les bas-reliefs du côté intérieur du jubé sont demeurés à leur place, celui du motif situé au-dessus du portique cintré est remarquable par la vigueur de l'exécution, il représente une tête de lion d'où se déroulent un

tout en marbre et albâtre, chargé d'arabesques et d'ornements d'un beau travail. »

L'œuvre est datée très exactement, puisque des inscriptions d'années figurent dans plusieurs petits cartels, la plus ancienne date est 1535 et la plus récente 1538, c'est donc pendant cette période de quatre années que le travail a dû être exécuté. Or, à cette époque, Jehan Cousin père touchait à l'apogée de son talent, il résidait encore à Sens et était le plus renommé des artistes habitant les confins de la Bourgogne. Rien, par suite, de plus naturel que le cardinal de Givry, alors évêque de Langres, dont le duché dépendait du bailliage de Sens (1), ait fait appel au talent de Jehan Cousin pour lui confier l'exécution d'une œuvre aussi importante. De ce temps datent très probablement les premières relations du grand artiste avec le cardinal de Givry qui lui continuait sa confiance en 1543, ainsi que nous l'avons montré, par la commande de patrons de tapisseries destinées sans doute à orner son hôtel de Paris et dut vraisemblablement le désigner à la même époque comme le maître le plus digne d'élever un monument à la mémoire de son illustre

cartel portant la date de 1538 et de légères banderolles tenues par deux athlètes dans l'attitude de la lutte et dont les muscles saillants sont traités avec beaucoup d'art; deux grosses guirlandes de feuilles et de fruits complètent la décoration.

(1) Le cardinal de Givry entretenait des relations avec Sens: en 1560 il y fit imprimer par Gilles Richeboys le Bréviaire de l'Eglise de Langres dont la feuille de titre porte ses armoiries et contient au verso une pièce de 22 vers qui lui sont dédiés par le poète sénonais Jean de Lescheneau.— (Voy. Abbé MARCEL, *les Livres liturgiques du diocèse de Langres*, Paris, Picard. 1892.)

neveu, l'amiral Chabot, qui venait de mourir le 2 juin de cette année 1543 (1).

Le Chesnoy, 10 octobre 1909.

MAURICE ROY.

(1) Voici l'extrait de la fondation faite le 27 juin 1544 dans l'église des Célestins par la veuve de l'amiral Chabot : « Haute et puissante dame, Madame Françoise de Longwy, princesse d'Orange et vefve de haut et puissant Sgr Messire Phelippes Chabot, en son vivant admiral de France, tant en son nom que comme tutrice et procuratrice des enffans myneurs d'ans dud. déffunt Sgr admiral, son mary, et d'elle, d'une part; et religieuses et dévotes personnes frères Jehan Boucher, prieur du couvent des Célestins de Paris, Claude Boudon, sous-prieur, Pierre Senyn, Jehan Mégissier, etc., tous religieulx profès dud. couvent et monastère, assemblez etc. pour passer ce qu'il s'ensuyt : Et disoit lad. dame admiralle que pour l'honneur et revérance de ce que led. feu Sgr admiral son mary est inhumé en la chapelle des Sgrs ducs d'Orléans fondée et establie en l'église desd. religieulx... elle avoit délibéré fonder a perpétuité les obitz messes et services cy après déclarez a l'intention et pour le salut et remedde de l'ame d'icelluy deffunct Sgr admiral son mary et d'elle..., une messe basse tous les jours en icelle chapelle, quatre obitz a chaque vendredi des quatre temps et autres prières, un obit solemnel chascun an a tousjours le second jour de juing qui est a pareil jour que led. admiral est allé de vie a trespas, le même jour une grand'messe a diacre et sous-diacre, et en la fin un *libera* sur la fosse et sépulture d'icelluy feu Sgr admiral..., mectre deux cierges ardans sur le grand autel de leur église et quatre autres cierges ardans autour de lad. sépulture, et quinze autres cierges ardans ès petits chandelliers de cuyvre qui sont autour de lad. chapelle d'Orléans et deux autres cierges ardans qui seront mis sur l'autel de lad. chapelle, a chascun desquels cierges y aura un écusson aux armes dud. feu Sgr admiral... pour laquelle fondacion de messe, obitz, services, luminaire, lad. dame a payé comptant auxd. religieux la somme de 2 000tt t., laquelle les Célestins ont promis convertir dedans ung an en héritages, rentes ou revenu annuel montant a la somme de cent livres tournois pour le moins pour l'entretenement a tousjours de lad. fondacion... Fait et passé double l'an Mil Ve quarante quatre le vendredi XXVIIe jour de juing. — Signé : G. Payen ; J. Trouvé. Le même jour Françoise de Longwy avait vendu à Léonard Goullas, avocat en Parlement, moyent. 4 000tt t., son hôtel de la rue St-Antoine. (Min. de J. Trouvé, not. au Châtelet de Paris.)

PIÈCE JUSTIFICATIVE

14 juillet 1543. — Jehan Cousin, maistre paintre demourant a Paris, confesse avoir prõmis et promect a Monsieur le Reverendissime cardinal de Givry, a ce présent, de faire pour led. Seigneur Reverendissime huit pieces de patrons de la vie Sainct Mamès selon la legende et description dud. St Mamès qui luy a esté baillée, chacune piece de quatre aulnes de largeur sur troys aulnes deux tiers de haulteur a bordeures larges, enrichies de fruitz et compartimens, faire lesd. patrons de couleurs achevées et prestes pour servir de patrons a faire sur iceulx autant de pieces de tappisserie de haulte lisse et en chacune piece y faire troys escussons aux armes dud. Seigneur Reverendissime et suyvre lesd. patrons suyvant ung petit progect en pappier qui en a esté fait, lequel a esté signé des notaires soubscriptz, lequel est demouré par devers led. Cousin, desquelles huit pieces de patrons led. Cousin en promect rendre les troys premières pieces faictes et parfaictes dans troys moys prochainement venans et les cinq autres pieces rendre faites et parfaites bien et deument comme il apartient d'huy en ung an. Ce marché fait moyennant la somme de deux cens escuz d'or soleil pour lesd. huit pieces de patrons qui est a raison de vingt cinq escuz chacune piece, surquoy led. Cousin confesse avoir eu et receu dud. Seigneur Reverendissime qui luy a baillé et avancé comptant en la présence desd. notaires soubzcriptz vingt cinq escuz d'or soleil dont de ce il s'en tient pour content et en quicte led. Seigneur Reverendissime. Et le reste du pris desd. patrons led. Seigneur Reverendissime a promis, promect et gaige paier aud. Jehan Cousin au feur et ainsi qu'il besonguera ausd. patrons, lesquels patrons demoureront et appartiendront aud. Seigneur Reverendissime. Prom. et oblig. chascun etc. ren. etc. Fait et passé double l'an Mil Vᶜ quarente et troys, le samedi XIIIIᶜ joʳ de juillet.

J. TROUVÉ.

G. PATIEN